EDICT DV ROY,

PORTANT ATTRIBVTION

EN HEREDITE' AVX RECEVEVRS
des Tailles des vingt-deux Dioceses de Lan-
guedoc, de dix deniers pour liure de taxation
fur les fommes augmentées par l'Edict du
mois d'Octobre mil fix cents trente-deux, &
generalement fur toutes celles qui f'impoferont cy-aprés pour quelque caufe & occafion
que ce foit, fors & excepté fur le Taillon,
Ayde, Octroy, & Creuë de fix cents mil liures;
Enfemble l'heredité de leurs anciennes taxations cafuelles de dix deniers, reglement d'i-
celle, fçauoir quatre deniers en année d'exercice, & trois deniers és années hors d'exercice,
auec difpenfe de fournir de caution, à caufe de
ladite augmentation de recepte.

Du mois de Iuin, mil fix cents trente-trois.

A PARIS,

De l'Imprimerie de Pierre Le-Mur.

C. XXXIII.

3

LOVIS par la grace de DIEV, Roy de France,& de Nauarre. A tous prefens & à venir, Salut. Bien que Nous & les defuncts Roys nos prede-cesseurs ayét apporté tout le foin qui nous a efté poffible pour faire cesser plufieurs abus qui fe commettoient tant aux impofitions ordinaires & ex-traordinaires,qu'en la recepte & leuée d'icelles fur noftre peuple, & particu-lierement en noftre Prouince de Lan-guedoc, où le defordre eftoit venu à tel point,que les Gens des trois Eftats de ladite Prouince impofoient plu-fieurs grádes fommes de deniers pour dons, gratifications, frais de voyages, que autrement,fouz la faueur des per-fonnes qui auoient auctorité dans la-dite Prouince,& dans lefdits Eftats:& ce mefme mal f'eftoit encores gliffé dans les affemblées des affiettes par-

a ij

ticulieres de chaque Diocese, en telle
sorte que le peuple souffroit & sup-
portoit de grandes impositions, sans
nostre sceu, qui reuenoit à l'vtilité de
certains particuliers : Ce qui nous a
obligé souuét dans la necessité de nos
plus grandes affaires pour le soulage-
mét de nostre peuple, d'auoir recours
aux autres Prouinces de nostre Roy-
aume, & d'engager le domaine de nostre Couronne, pour la manutention
de cét Estat. Ce qu'ayant esté bien re-
cognu en nostre dernier voyage en ladite Prouince, Nous aurions par nostre Edict donné à Beziers au mois
d'Octobre dernier, reglé toutes les
impositions que nous voulons annuellement estre faites en icelle, auec
tres-expresses defenses aux Gens des
trois Estats dudit Pays, & particulier
desdits Dioceses, de leuer, ny permettre estre leué ny imposé sur nostre

peuple autres & plus grandes fommes que celles contenuës dans ledit
Edict, fans noftre particuliere per-
miffion, à peine de confifcation de
corps & de biens. Et d'autant que cét
Edict a changé l'ordre de ladite Prouince, fur le faict des impofitions, en
quoy les Receueurs de nos Tailles
d'icelles fe trouuent grandemét gre-
uez & intereffez, à caufe du droict de
leuée de dix deniers pour liure qui
leur eft acquis fur toutes fortes & natures de deniers qui f'impofoient audit Pays, & particulier des Diocefes,
fors & excepté de la fomme de cinq
cents foixante mil liures, à quoy fe
montoit les deniers de l'ayde, octroy
& creuë de fix cents mil liures qui
entroient en nos receptes generales,
& feruoient au payement des gages
des Treforiers de France, Receueurs
& Controlleurs defdites Tailles, ren-

tes , charges & penſions conſtituées ſur leſdites receptes generales & particulieres : en la perception duquel droiƈt des dix deniers pour liure leſdits Receueurs ſont fondez par pluſieurs Ediƈts, Arreſts, & Declarations de nous & de nos predeceſſeurs, & particulierement par Ediƈt de creation de leurs Offices du Roy Charles neufieſme, en l'année mil cinq cents ſoixante douze , par tranſaƈtion & traiƈté fait entr'eux , & ledit Pays de Languedoc , en l'année mil ſix cents dix , approuué & auƈtoriſé par deux de nos Ediƈts de l'année mil ſix cents vnze , & vingt-cinq , verifiez où beſoin a eſté : & encores par la finance qu'ils en ont payée pour lors en nos Parties Caſuelles en deux diuerſes fois, iuſques à la ſomme de deux céts cinquante mil liures. Tellement qu'il n'eſt pas raiſonnable qu'eſtans ſi le-

gitimement fondez en la perception
dudit droict de dix deniers pour liure, fors & excepté dud. ayde, octroy
& creuë, que noſtredit Edict du mois
d'Octobre dernier leur ſeroit preiu-
diciable. A CES CAVSES, De
l'aduis de noſtre Conſeil, & de pluſieurs notables perſonnes qui y e-
ſtoient preſens, où ceſte affaire a eſté
meurement deliberée, & de noſtre
certaine ſcience, plaine puiſſance, &
auctorité Royale, par ceſte preſente
noſtre Declaration, que nous voulons eſtre ferme & ſtable, & à iamais
irreuocable, Auons dit & declaré,
diſons & declarons, voulons, & nous
plaiſt, que leſdits Receueurs de nos
Tailles de ladite Prouince de Lan-
guedoc facent la recepte & leuée
chacun en l'année de leur exercice,
de tous les deniers qui ſ'impoſeront
en icelle, & particulier deſdits Dioce-

ſes , tant en conſequence de noſtre
Edict du mois d'Octobre dernier
donné à Beziers, que autrement, en
quelque façõ & maniere que ce ſoit,
& pour quelque cauſe & pretexte
qu'il puiſſe eſtre à l'aduenir, à raiſon
de dix deniers pour liure pour leur
droict de leuée de toutes leſdites im-
poſitions, fors & excepté ſur le general de ladite Prouince, de la ſomme
de cinq cents ſoixante mil liures, à
laquelle reuenoit les deniers de l'ayde, octroy, & creuë qui eſtoient im-
poſez annuellement en icelle, & qui
entroient en nos receptes generales
des finances, deſquels deniers leſdits
Receueurs ſont obligez de faire la
recepte & leuée ſans aucun droict, à
cauſe des gages ordinaires attribuez
à leurs Offices ſur leſdits deniers. Et à
cét effect enioignons aux Commiſſaires principal & ordinaires, Syndic
& Deputez

& Deputez des vingt-deux Diocefes
de ladite Prouince, procedant au de-
partement des impofitions, à commencer au premier de Ianuier dernier de l'année prefente, nonobftant
les claufes appofées aux Commiffions ja expediées pour lefdites impofitions de ladite Prouince, en tant
qu'elle porte, fans frais ny droict de
leuée, Aufquelles claufes nous auons
derogé, & derogeons par ces prefen-
tes. Faire affeoir & impofer pour lefdits Receueurs, à chacun comme les
concernera, ledit droict de leuée de
dix deniers pour liure fur toutes fortes & natures de deniers quels qu'ils
foient, ou puiffent eftre, fauf de ladite fomme de cinq cents foixante mil
liures, qui fera diftraite des trois arti-
cles dudit Edict du mois d'Octobre
dernier, concernant les gages des
Treforiers de France, gages defdits

Receueurs & Controlleurs des Tailles, rentes, penfions, & charges con-
ftituées fur lefdites receptes generales & particulieres, & le furplus fur le
million cinquáte mil liures qui nous
reuient quitte de noftre efpargne.
Et afin de donner plus de moyen
aufdits Receueurs de faire ladite recepte aux conditions neantmoins
portées par ledit traicté fait entr'eux
& ledit Pays de Languedoc, en l'année mil fix cents dix, que nous voulons eftre gardé & obferué pour le
foulagement de noftre peuple, Nous
leur auons confirmé & confirmons
de nouueau tant ledit droict de leuée
de dix deniers pour liure que lefdits
Receueurs prenoient en confequen-
ce dudit traicté, & de nos Edicts des
années mil fix cents vnze, & vingt-
cinq, & de toutes les fommes que par
noftredit Edict du mois d'Octobre

dernier donné audit Beziers, les im-
poſitions de ladite Prouince ſe ſont
augmentées, & pourront augmen-
ter, tant à cauſe du million cinquante mil liures, rembourſement des
Eſleuz & Collecteurs, deſdomma-
gement & intereſt des traictans debtes du general de ladite Prouince, &
particulier des Dioceſes, & intereſts
d'iceux, lors qu'ils ſ'impoſeront, pour
ioüir dudit droict de dix deniers
pour liure par leſdits Receueurs plai-
nement & paiſiblement en heredité,
à commencer ladite ioüiſſance le
premier iour de Ianuier dernier, eux,
leurs Veufues, & heritiers, conjoin-
tement ou ſeparément auec leurs offices comme bon leur ſemblera, en
payant par leſdits Receueurs, pour
ioüir du contenu en noſtre preſente
Declaration, les taxes qui ont eſté
faites ſur eux en noſtre Conſeil, vn

mois aprés la ſignification qui leur
en aura eſté faite à leur perſonne,
ou domicile , és mains du Treſo-
rier de nos Parties Caſuelles, ou au
porteur de ſes quittances : laquelle
finance leur ſeruira du cautionnement qu'ils ſont tenus faire à cauſe
de l'augmentation de leur recepte,
en faiſant regiſtrer icelle, qui demeu-
rera pour ce regard affectée audit
cautionnement, ſans qu'ils ſoient tenus bailler autres cautions. Et à fau-
te de ſatisfaire audit payement, leſdits Receueurs ſeront decheuz de ladite heredité, tant des anciennes, que
nouuelles attributions , & ne pourront pretendre la iouiſſance deſdites
taxations de dix deniers pour liure
ſur les ſommes qui ont eſté augmentées par ledit Edict du mois d'Octobre dernier , ny ſur le rembourſement deſdits Eſleuz & Collecteurs,

bdommages & interefts des traictans,
p qui doiuent eftre impofez en quatre
s années, ny fur les autres fommes im-
q pofées, ou qui f'impoferont pour les
s affaires & debtes particulieres dudit
l Pays & Diocefe, ains feulement fur
l les fommes qui leur ont efté ordon-
r nées par les Commiffions des impo-
l fitions de la prefente annee, & la
i ioüiffance defdites taxations de dix
deniers pour liure fur toutes les aultres
tres leuees & impofitions de ladite
Prouince, & particulier des Diocefes, pour quelque caufe & occafion
que ce foit, appartiendra au porteur
defdites quittances, à commencer du
premier iour de Ianuier, fors & excepté fur ladite fomme de cinq cents
foixante mil liures, des deniers de
l'ayde, octroy & creuë, & feront tenus lefdits Receueurs qui feront la
recepte defdites taxatiós leur en faire

le payement iufques au iour qu'ils
payeront lefdites taxes fur fa fimple
quittance, à quoy ils feront côtraints
comme pour nos propres deniers &
affaires. Toutes lefquelles taxations,
mefmes celles concernant le rem-
bourfement defdits Efleuz & Collecteurs, interefts & defdommagemét
des traictans ne pourront eftre re-
tranchez ny diminuez de ce à quòy
elles montent à prefent pendant lefdites quatre annees , pour quelque
caufe ny pretexte que ce foit. Voulons & ordonnons que d'orefnauant
& annuellement, que dans les Commiffions qui f'expedieront pour toutes impofitions à faire fur les deux
Generalitez de ladite Prouince , &
particulier defdits Dicoefes, foit cô-
pris ledit droict de leuee de dix deniers pour liure par deffus. Et en cas
d'obmiffion,ou autrement,Voulons

ledit droiƈt leur eſtre impoſé par leſdits Commiſſaires & Deputez deſdits Dioceſes, en vertu de noſtre preſente Declaration, ſans autre man-
dement plus exprés, nonobſtant op-
poſitions ou appellations quelſcon-
ques : la cognoiſſance deſquelles
nous auons reſeruée à Nous & à noſtre Conſeil, & icelle interdiƈte à toutes autres Cours, & le tout ſans preiudice auſdits Receueurs des ſix deniers pour liure, qu'ils iouiſſent en
lheredité les deniers de l'ayde, oƈtroy,
& creuë, comme ayans financé ledit
droiƈt, en conſequence de noſtre
Ediƈt de l'annee mil ſix cents vingt-
huiƈt, & dont le fonds en eſt laiſſé
annuellement par Nous ſur nos deniers dans les eſtats de la diſtribution
des finances des deux Generalitez de
ladite Prouince, à quoy n'entendons
deroger en aucune façon. Et afin que

d'oresnauant il n'y ait aucune emulation entre lesdits Receueurs, pour raison dudit droict de leuée de dix deniers pour liure, ils en ioüiront en heredité, en telle sorte que celuy qui sera en exercice aura quatre deniers pour liure, qu'il retiendra par ses mains, & les deux autres Receueurs trois deniers chacun, qui leur seront payez par leurs compagnons d'office en exercice, de quartier en quartier, sur leurs quittances, qui seront passées & allouées en leurs estats & cóptes par tout où il appartiendra. Et aduenant vaccation desdits Offices de Receueurs par mort, ou autrement, ceux qui en seront aprés pourueus ne pourront estre receus ny installez en iceux Offices, qu'au prealable ils n'ayent entierement remboursé les veufues ou heritiers de la finance payée pour lesdites attributions

tions de dix deniers pour liure en heredité. Aprés lefquels rembourfe-
mens, lefdits pourueus en iouiront
au mefme tiltre d'heredité, & non autrement. Si donnons en mande-
ment à nos amez & feaux Confeil-
lers les Gens tenans noftre Cour des
Comptes, Aydes & Fináces à Mont-
pellier, Prefidens, Treforiers de France , & Generaux de nos finances à
Tholoze & Môtpellier, de faire chacun endroit foy lire, publier, regi-
ftrer, garder & obferuer noftre prefent Edict de poinct en poinct felon
fa forme & teneur, iouyr & vfer plai-
nement, paifiblement & hereditaire-
ment lefdits Receueurs, leurs veufues, & ayans caufe, & porteurs des
quittances de finance defdites attributions, fans permettre ny fouffrir
qu'ils y foiét troublez ny empefchez

en aucune maniere , nonobſtant op-
poſitions ou appellations quelſcon-
ques,& ſans preiudice d'icelles : deſquelles ſi aucunes interuiennét,nous
auons retenu & reſerué la cognoiſſance à Nous & noſtre Conſeil , &
icelle interdicte à toutes nos Cours
& Iuges,nonobſtát auſſi tous Edicts,
Ordonnances,Declarations,Arreſts,
& choſes à ce contraires , auſquelles,
& aux derogatoires des derogatoires
y contenuës, nous auons derogé, &
derogeons par ceſdites preſentes.
Car tel eſt noſtre plaiſir. Et afin que
ce ſoit choſe ferme & ſtable à touſ-
iours , nous auons à icelles fait met-
tre & appoſer noſtre ſéel, ſauf en autre choſe noſtre droict , & l'autruy,
en toutes.

Donné à Fontainebleau au mois
de Iuin, l'an de grace mil ſix cents,

trente trois : & de noſtre regne le
vingt-troiſieſme.

Signé, LOVIS.   Et plus bas,

Par le Roy, PHELIPEAVX.

*Collationné aux Originaux par moy
Conſeiller, Secretaire du Roy, & de
ſes Finances.*